Glück im Spiel, Geld für die Liebe

Herausgegeben von Bastian Sick (Der Dativ ist dem Genitiv sein Tod) © Verlag Kiepenheuer & Witsch

Dich bringt
keiner so leicht aus
dem Konzert.

Raue Schale, harter Kern

Herausgegeben von Bastian Sick (Der Dativ ist dem Genitiv sein Tod) © Verlag Kiepenheuer & Witsch

Der Affe fällt
nicht weit vom Stamm.

Herausgegeben von Bastian Sick (Der Dativ ist dem Genitiv sein Tod) © Verlag Kiepenheuer & Witsch

Jetzt aber mal Schwamm beiseite!

Das war längst überflüssig!

Speck lass nach!

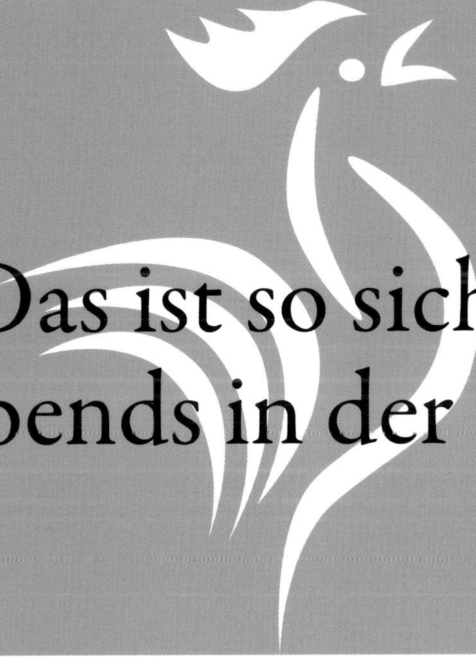

Das ist so sicher
wie abends in der Kirche.

Herausgegeben von Bastian Sick (Der Dativ ist dem Genitiv sein Tod) © Verlag Kiepenheuer & Witsch

Ich bin immer neu
für offene Sachen.

Das lass ich mir nicht zweimal entgehen.

XX